or Ben Hamida

:hronik einer Revolution

e ein Gemüsehändler einen Präsidenten stürzt

Chronik einer Revolution

Copyright © 2011 by Amor Ben Hamida

Cover und Layout: Michelle Kiener-Buess, typoallee, Allschwil
Coverbilder: Shutterstock.com

Herstellung und Verlag: Books on Demand GmbH,
Norderstedt ISBN 978-3-8423-4686-4

Dieses Büchlein widme ich dem ganzen tunesischen Volk und insbesondere Mohamed Bouazizi, der nach dem Tod seines Vaters mit 14 Jahren seine Mutter und seine fünf Geschwister ernähren musste. Er betätigte sich mangels Alternative als Gemüsehändler mit einem fahrenden Marktstand. So ermöglichte er seinen Geschwistern den Besuch einer Schule und sich selbst das Abitur. Mehrfach wurde sein Gemüsestand wegen einer fehlenden Genehmigung geschlossen, seine Ware und seine Arbeitsmittel (Handkarren und Waage) beschlagnahmt. Nach einer demütigenden Ohrfeige von einer Beamtin, Misshandlungen auf der Polizeiwache und erfolgloser Beschwerde bei der Stadtverwaltung übergoss er sich vor lauter Verzweiflung mit Benzin und zündete sich an. Er starb am 4. Januar 2011 in einem Krankenhaus in Ben Arous bei Tunis.

Mit seiner Aktion brachte er eine Revolte in Gang, die schließlich zum Sturz Ben Alis und seines ganzen Regimes führte.

Mögen sein Freitod und der Tod vieler anderer Landsleute nicht umsonst gewesen sein!

Ich garantiere, dass ich – so lange dieses Büchlein gekauft wird – jährlich vom Erlös einen Anteil einer benachteiligten Familie in Südtunesien zukommen lassen werde!

Es gibt Termine im Leben, die man nicht vereinbaren kann – sie passieren einfach, ob von höherer Hand gelenkt oder durch einen «Zufal» entstanden … Man befindet sich eines Tages an einem Ort, rechnet nicht mit dem geringsten außerordentlichen Ereignis, und man steckt mitten in einer Revolution!

So geschehen am Mittwoch, 12. Januar 2011. Schon im Dezember hatte ich eine Reise in die Heimat gebucht, hatte jedoch vor lauter Arbeit nicht groß Zeit, die Ereignisse in Tunesien seit Anfang Dezember wirklich zu beachten. Mein Ziel war, eine Woche lang meine Familie zu besuchen und ein paar andere Dinge bezüglich meiner Buchprojekte zu erledigen …

Ehe ich mich versah, befand ich mich in einem historischen Moment der Geschichte Tunesiens.

In diesem Büchlein teile ich meine Eindrücke, Erlebnisse und Beobachtungen mit, die ich während der Ausgangssperre in Form eines Tagebuches niederschrieb. Nicht alle Nachrichten konnten nach Europa gelangen. Die vermeintlich unwichtigen, kleinen Details, die ich für erwähnenswert und für die Entwicklung dieser Bewegung für äußerst wichtig halte, fanden in der Presse Europas weder Beachtung noch Platz. Sie scheinen mir dennoch erzählenswert, wenn man die Motive verstehen will, welche die Menschen, Junge und Alte, Arbeiter und Anwälte, Männer und Frauen nach vielen Jahrzehnten der Demütigung und Unterdrückung auf die Straßen der großen Städte und kleinen Dörfer des Landes trieben.

Facebook und Twitter spielten eine derart große Rolle in

dieser Revolution, dass in einem Fernsehstudio ein Journalist ständig neue Meldungen aus diesen Netzwerken vorlas. So hat die Gemeinschaft in Facebook mich auch ermutigt, diese Chronik zu schreiben. Dabei erlaubte die Zeit nicht, auf literarische Formen zu achten. Es geht auch mehr um Fakten als um Schönschreiberei. Alles, was ich hier erwähne, habe ich erlebt, gesagt, gehört oder gesehen.

Um die heutige Situation zu verstehen, tut es gut, die gesamte Geschichte des Landes wieder in Erinnerung zu bringen. Diesem Zweck dienen Einschübe zwischen den einzelnen Tagesberichten, die bei der punisch-römischen Zeit beginnen und mit der Machtübernahme Ben Alis enden. [1]

Viel Spaß beim Wiedererleben dieser historischen Tage und: Hoch lebe Tunesien und sein Volk!

---

1 Einschübe entnommen aus: Wikipedia, http://www.wikipedia.de/ 18.1.2011.

Verteidiger des Vaterlandes,
Verteidiger des Vaterlandes!
Wohl an, wohl an, zum Ruhme der Zeit,
Das Blut schreit in unseren Adern,
Last uns unserem Land zuliebe sterben.
Lasst die Himmel donnernd brüllen,
Lasst Donnerschläge mit Feuer regnen.
Ihr Männer und Jugendlichen aus Tunesien,
Erhebt euch für Kraft und Ruhm eures Vaterlandes
Kein Platz ist für Verräter in Tunesien,
Nur für die, die ihr Land verteidigen!
Wir leben und sterben treu zu Tunesien,
Ein würdevolles Leben und ein ruhmvoller Tod!
Wenn eines Tages das Volk sich zum Leben entschließt
Dann muss sich das Schicksal beugen
Die Nacht muss weichen
Und die Fesseln werden gebrochen

Tunesische Nationalhymne

Als ich um 10.45 h in Zürich die Tunis-Air-Maschine bestieg, erweckte das Personal nicht den geringsten Anschein, dass 1.500 Kilometer weiter südlich oder zwei Stunden später eine Revolte ihren Höhepunkt erreichen würde. Sie servierten routinemäßig und mit dem gewohnten Lächeln das Essen und der Kapitän sprach von 20 Grad in Tozeur, business as usual.

Mein Bruder hatte mir am Abend zuvor auf meine Frage, wie sich die Lage entwickele, geantwortet: »Nun, was soll ich dir sagen, Bruder? Es sieht schon schwierig aus. Die Demonstranten und die Ordnungshüter liefern sich regelrechte Gefechte. Die Lage ist sehr gespannt. Es gab schon einige Tote. Deine Mutter macht sich Sorgen, dass du gerade zu dieser Zeit kommst …«

Aber in einer solchen Situation, wo das Ticket, der Pass, das Geld und die Geschenke schon eingepackt sind, macht sich doch niemand ernsthaft Gedanken, wenn er keinen Zugang zu arabischen Sendern hat – und ich habe gar keinen Fernseher! Also schlief ich gut und freute mich auf meine Familie und das Land … Meine Absicht war, einige Tage bei der Familie zu verbringen, ein paar Ideen für ein neues Buch zu sammeln und einen wichtigen Mann zu treffen, der meine Bücher ins Arabische übersetzen sollte. Aus alledem wurde natürlich nichts.

Bei der Landung in Tozeur stiegen sechs Personen aus. Wir übrigen etwa 30 flogen keine Viertelstunde später ab. Nach Flugplan hatte ich mich auf eine langweilige Wartezeit von einer Dreiviertelstunde gefasst gemacht. Heute frage ich mich, ob der Pilot nicht die Anweisung bekommen hatte, sofort wieder abzuheben – Kerosin schien er genügend zu haben. Einen Tag später erfuhren wir nämlich, dass in Tozeur, auf der Straße zwischen Flughafen und Städtchen, Reifen verbrannt und Barrikaden errichtet worden waren. Als wir auf Djerba landeten und ich wie gewohnt auf eine besonders langwierige Kontrolle meiner Papiere gefasst war, wie es allen Tunesiern passiert, da wurde ich doch tatsächlich überrascht. Meine Gedanken gingen schon in Richtung einer Auflockerung der Verhältnisse zwischen den Beamten am Zoll und den Auslandstunesiern, als der junge Uniformierte nach einer Überprüfung meines Passes und dem Eingeben meines Namens in seinen Computer lächelte. Ich ahnte schon … »Das ist die alte Geschichte mit der Namensverwechslung. Ich habe hier ein Papier, das besagt, dass ich nicht der bin, der ich zu sein scheine.« Ich zog das 15 Jahre alte, vergilbte Dokument hervor und streckte es ihm durch den Schlitz der gläsernen Kabine. Er bat mich freundlich, zehn Minuten zu warten, man könnte nämlich – so seine Meinung – diese alte Geschichte aus dem Computer löschen und ich hätte endlich Ruhe. »Was für neue Töne«, dachte ich. Und wie gewohnt ruhig setzte ich mich auf einen Stuhl, während ein Kollege des Beamten mit meinem Pass verschwand. Keine zwei Minuten später kamen drei Jungs auf mich zu, in Zivil. Ich hatte vorauseilend gesagt, dass die Geschichte mich schon vor 15 Jahren fast eine Nacht im Gefängnis gekostet hätte. Und wieder lächelten alle drei und einer entschuldigte sich regelrecht: »Wir dürfen die Sache leider nicht löschen. Behalt dieses Papier so lange, bis wir ihn fassen.« Und ich antwortete erleichtert: »Ich weiß, wo er ist, eines Tages hole ich ihn und bringe ihn euch.« Worauf wir uns mit Assalamu aleikum verabschiedeten.

Wir wurden von Djerba in einem Kleinbus nach Zarzis gefahren. Mir fiel nichts Besonderes auf. Die Kontrolle vor dem Damm war normal, für die Jahreszeit fuhren wenige Fahrzeuge von der Insel weg und umgekehrt. Alles schien gewöhnlich zu sein, bis ich ein paar Worte mit dem Fahrer wechselte. Er war sich nicht sicher, was er antworten sollte. Leise murmelte er, es gäbe Tumulte im Norden und Südwesten. Hier sei es noch ziemlich ruhig, aber einige Demonstrationen seien auch schon von Gewalt begleitet worden. Was die Leute wollten oder wie die Regierung darauf antwortete, sagte er nicht.

Im Hotel in Zarzis fiel mir nur auf, dass viele, mehrheitlich französische Touristen, ständig an ihren Laptops saßen und diskutierten. Eine Dame beschwerte sich über das zu kalte Wasser aus der Dusche, ein Mann hustete ziemlich heftig und schien trotz der 20 Grad erkältet zu sein. Und an der Rezeption hatte man kein Wort über die Situation verloren.

So verliefen der Abend und auch die Nacht für mich ruhig. Ich freute mich auf den nächsten Tag, da mich meine Brüder und ein Cousin abholen würden …

Punisches und römisches Karthago

Das heutige Tunesien erlebte zu Beginn der geschichtlichen Aufzeichnungen die Gründung von Handelsniederlassungen durch Siedler aus dem östlichen Mittelmeer. Gemäß der Legende war die erste dieser Niederlassungen Utica im Jahre 1101 v. Chr. Im Jahr 814 v. Chr. gründeten aus Tyros kommende phönizische Siedler die Stadt Karthago. Nach der Legende war es die Königin Élyssa, die Schwester des Königs von Tyr, Pygmalion, welche die Stadt gründete.

Karthago wurde innerhalb von 150 Jahren zur größten Macht des westlichen Mittelmeeres. Die Einflussnahme geschah teils durch Kolonisierung, größtenteils jedoch durch Handelsniederlassungen und Verträge. Diese Macht und das hohe landwirt-schaftliche Potenzial des karthagischen Mutterlandes führten dazu, dass das Interesse des jungen, erstarkenden Römischen Reiches geweckt wurde und es kam zur Konfrontation, die in den drei Punischen Kriegen gipfelte. Karthago konnte mit seinen unter anderen von Hannibal geführten Truppen während des Zweiten Punischen Krieges (218–201 v. Chr.) das Römische Reich mehrmals an den Rand einer Niederlage bringen. Am Ende des Dritten Punischen Krieges (149–146 v. Chr.) wurde die Stadt Karthago drei Jahre belagert und letzten Endes zerstört. Das Gebiet des heutigen Tunesien wurde Teil der römischen Provinz Africa mit Hauptstadt Utica. Im Jahr 44 v. Chr. beschloss Caesar, eine Colonia in Karthago zu gründen, was jedoch von Augustus erst mehrere Jahrzehnte später verwirklicht wurde, und im Jahr 14 wurde Karthago Hauptstadt von Africa.

Meine Brüder holten mich schon früh in Zarzis ab, weil meine Mutter ungeduldig war. Die Fahrt von Zarzis nach Medenine war nicht ungewöhnlich. Die nur wenigen Autos auf der Straße brachte ich in Zusammenhang mit der Jahreszeit, da ich sonst nur im Frühsommer oder Herbst hier bin, wo der Verkehr doch wesentlich stärker ist. Im Auto aber begannen meine Brüder, mir einige Details aus den letzten Tagen zu erzählen. Mich schauderte schon. Und obwohl wir wie gewohnt leise sprachen, auch wenn wir unter uns waren, so waren die Aussagen doch ungeheuer: Es bahnte sich etwas an, eine große dunkle Wolke am Horizont, bedrohlich, beängstigend und unberechenbar! Die Schüsse, die täglich fielen und Demonstranten trafen, stachen wie Messer in die Leiber der Bevölkerung. Wie lange würde der Staat sein Volk abknallen? Würde das Volk aufgeben und kuschen oder würde der starke Arm der Regierung endlich brechen?

In Umrissen wurde mir die Lage beschrieben: Die Demonstrationen hatten schon im Dezember begonnen und sich innerhalb weniger Wochen von Südwesten gleichzeitig nach Süden und Norden ausgebreitet. Besonders Tunis war täglich und nächtlich von Demonstrationen betroffen.

Auch die Abwesenheit der Polizei wurde mir schnell erklärt: Seit einigen Tagen wurden Polizeiposten angegriffen und in Brand gesetzt. Die Ordnungshüter hatten den Auftrag erhalten, sich nach Hause zu begeben und nur auf Kommando herauszukommen.

Als ich zu Hause ankam, vergaßen wir für eine Weile die dunkle Wolke, wir feierten das Wiedersehen, aßen und verteilten die Geschenke: Honig für die Mutter, Schokolade und Bonbons für die Kinder und Erwachsenen, Altkleider, Fotos, Assugrin für zwei zuckerkranke Verwandte, Vitamintabletten für meine Mutter und die Tante, Babykleider für das neugeborene Mädchen meiner Nichte ... Sie schien schlecht geschlafen zu haben oder übermüdet zu sein, meine Nichte. Meine Vermutung, es hätte mit dem Baby zu tun, verneinte sie aber schnell: Ihr Mann sei in Tunis allein im Haus, sie besuche ihre Eltern in Medenine und sei hier vor den großen Unruhen angekommen. Nun rufe sie mehrmals täglich ihren Mann an, der sich anscheinend auf dem Dach seines Hauses verschanzt und mit Ziegelsteinen bewaffnet hätte, um die Randalierer fernzuhalten. Er hatte ihr wörtlich gesagt: »Mach dir keine Sorgen. Ich schlage jedem den Kopf ein, der sich an mein Haus wagt. Die Hurensöhne und Taugenichtse! Während die einen versuchen, einen Aufstand zu führen, plündern und bestehlen die anderen ihre eigenen Bürger. Bleib, wo du bist. Es wird schon gut gehen.«

Ihre Tränen konnte sie nicht verstecken. Und auch die Beruhigungsworte ihrer Mutter, meiner Schwester, er sei doch ein Mann und das ganze Quartier stünde ja zusammen, konnten sie nicht davon abhalten, ihr junges schönes Gesicht in Falten zu legen.

Um abzulenken, fragte ich wie üblich, was wir denn morgen essen würden. Couscous wurde vorgeschlagen, aber auch Jilbana – ein Erbsengericht mit Lammfleisch – oder Spaghetti mit Hühnchen. Man überließ mir die Wahl, als Gast sozusagen, und ich bot an, am Freitagmorgen Fleisch kaufen zu gehen und das entsprechende Gemüse für einen wunderbaren Couscous.

Wir wussten nicht, dass der Freitagmorgen Schwierigkeiten bringen würde … Ich erfuhr im Laufe des Abends von meinen Brüdern und Cousins, die von meiner Ankunft wussten, aber auch über die verschiedenen Fernsehsender, die ständig liefen, so einiges über die Situation. Niemand wollte mehr dulden, dass eine Handvoll gieriger Männer und Frauen – Freunde und Verwandte des Präsidenten und seiner Gattin – alles in Besitz nahmen, was wirtschaftlich Erfolg hatte. Banken, Versicherungen, Telekom-Unternehmen, Institutionen, Hotelanlagen und Ländereien wurden den Menschen unter Druck zu Spottpreisen abgekauft. Die Menschen hatten es satt, zu hören: »Komm morgen, die Papiere sind noch nicht bereit.« Und wenn man dann eine Fünfer- oder Zehnernote hinlegte – und das nicht etwa versteckt – dann waren die Papiere doch schon bereit. Und bei größeren Projekten waren die Summen entsprechend höher: So sollen einfache Beamte einer Bewilligungsbehörde einem Antragsteller alles geklärt, visiert und genehmigt haben. Als er die Papier abholen wollte, sagten sie ihm: »Uns fehlen zwei Klimageräte für unsere Büros. Was meinst du?« Er weigerte sich, die Papiere verschwanden wieder für eine lange Zeit und aus dem Projekt wurde außer Spesen nichts mehr …

Man stelle sich vor, in Konstanz oder Freiburg würde ein Beamter von einem Antragsteller erst mal die Finanzierung einer Elektroheizung für sein Büro verlangen, bevor er ihm seine Papiere aushändigt. Das wüssten die Zeitungen innert Minuten. Aber hier konnte keiner zu einer Zeitung gehen, die auch etwas Derartiges abdrucken würde.

Und nun prangerten alle Fernseh- und Radiosender die Korruption des alten Regimes und seiner Helfershelfer an.

Was aber alle unbedingt und sofort wollten, war Arbeit! Die Hunderttausende Jugendlichen, die mit Hochschulabschluss in den Cafés saßen, wollten endlich eine Stelle und ein Einkommen.

Der alles entscheidende, historische Donnerstagabend kam: Seit Donnerstag, 13. Januar 2011, 20.00 Uhr gilt in Tunesien absolute Rede- und Versammlungsfreiheit! Zu verdanken ist dieser unglaubliche Schritt in eine freie arabische Gesellschaft vielen Menschen. Einem gebührt besonders Dank, einem jungen Mann, dessen Geschichte noch oft erzählt werden wird. Er war der Funke im Pulverfass. Er verbrannte sich öffentlich und starb trotz sofortiger Einlieferung ins Spital einige Tage danach. Es dauerte noch über vier Wochen, bis der Präsident eine bemerkenswerte und für arabische Verhältnisse wohl außerordentliche Rede hielt, die ein Journalist mit einem «Zauberwort» verglich.

Aber der Reihe nach: Alles fing im Westen des Landes an, in einem Dorf namens Sidi Bouzid. Ein junger Mann, dessen Schicksal in Tunesien hunderttausendfach vorkommt, wurde von einer Beamtin kontrolliert. Sie wollte seine Genehmigung zum Verkauf von Gemüse sehen. Er hatte keine. Nach vielen Jahren der erfolglosen Arbeitssuche hatte er beschlossen, einen kleinen fahrbaren Gemüsestand zu kaufen und damit sein tägliches Brot zu verdienen, das er mit seiner großen Familie teilen musste, denn sein Vater war vor einiger Zeit verstorben und hatte ihm die Verantwortung für die ganze Familie hinterlassen.

Die Beamtin holte Verstärkung in Form zweier Kollegen und wollte die Ware des Mannes, der keine Genehmigung zu besitzen schien, konfiszieren. Es kann sein, dass er ihr ein paar Worte sagte, die ihr nicht passten, jedenfalls ohrfeigte sie ihn in aller Öffentlichkeit, und dies als Vertreterin einer staatlichen Behörde. Nicht dass das in Tunesien bisher ungewöhnlich gewesen wäre, aber diese Ohrfeige wirkte wohl wie ein Streichholz in einem Benzinfass. Der Mann war zutiefst gedemütigt und wollte bei der höheren Instanz klagen. Dort stieß er auf taube Ohren, wer hat schon Zeit für solche Sorgen ...

Der junge Mann steht stellvertretend für Hunderttausende Tunesierinnen und Tunesier. Mit einem Hochschulabschluss in der Hand hatte er sich auf eine blühende Zukunft gefreut. Doch dann folgte eine schwere Arbeitssuche, eine lange Arbeitslosigkeit, die keineswegs entschädigt wird: Tunesien kennt bis heute keine Arbeitslosigkeitsversicherung und Sozialhilfe bekommen solche Menschen auch nicht. Und nun demütigte ihn eine Frau mit einem wesentlich niedrigeren Ausbildungsstand und keiner ihrer Vorgesetzten schien daran etwas Besonderes zu sehen. Was muss dieser Mensch für Gefühle gehabt haben? Verantwortung für seine Familie und ein Staat, der ihn fertigmacht!

In seiner Verzweiflung goss er Benzin über seinen Körper und zündete sich an. Auch dies war nicht der erste Fall. Vor ein paar Jahren hatte sich ein Mann vor einem Polizisten mit Benzin übergossen und damit gedroht, sich anzuzünden, weil der Polizist dieses halb illegal beschaffte Benzin konfiszieren wollte. Der Polizist, statt ihn daran zu hindern, gab ihm das Feuerzeug, worauf sich der Mann tatsächlich anzündete und noch auf der Stelle verstarb. Der Polizist wurde diszipliniert, sprich versetzt ...

Es war die dauernde Demütigung und der mangelnde auch nur geringste Respekt der Staatsorgane, insbesondere der Polizei, die auch diesen 26 Jahre alten Bouazizi dazu bewegten, sich das Leben zu nehmen. Sofort ging eine kleine Gruppe von Jugendlichen auf die Straße und protestierte, worauf, wie gewohnt, Repression folgte. Ein zweiter Selbstmordversuch im gleichen Dorf und ein dritter wurden innerhalb weniger Tage gemeldet, auch weitere Versuche …

Die Bewegung breitete sich aus. Die Polizei schoss. Der Präsident hielt die erste Rede. Darin versprach er, für Ordnung und Ruhe zu sorgen und dazu alle Mittel – wörtlich den eisernen Arm – zu verwenden. Die Tumulte ließen nicht nach, weitere Tote waren zu beklagen. Erste Vorwürfe der gezielten Tötung durch die Spezialeinheiten der Polizei wurden laut: Leichen junger Männer mit Schüssen in den Kopf und die Brust wurden von Al Jazira gezeigt. Die zweite Rede des Präsidenten verdächtigte die Jugendlichen, Kriminelle und Terroristen zu sein, geführt von ausländischer Hand. Inzwischen verstarb der schwer verbrannte Bouazizi. Dies gab den Jungen mehr Grund für ihren Hass. Die Armee wurde in die Straßen geschickt, aber der oberste Militär wollte keinen Schießbefehl geben. Er ließ durch die Armee lediglich strategische Gebäude wie Amtssitze und Finanzinstitute bewachen. Es gab Bilder, wo ein Soldat mitten in einer revoltierenden Meute Jugendlicher stand, lediglich bewaffnet mit einem Handy, und niemand berührte ihn auch nur. Die Bevölkerung verstand schnell, dass der Feind nicht das Militär, sondern die repressive Polizei war.

Das Land war nun in einem Ausnahmezustand. Der Präsident verhängte eine Ausgangssperre, eine Couvre-feu, die an die Zeit der Brotrevolte von Ende 1983 erinnerte. Als die Ausgangssperre nicht respektiert wurde, verstand auch die Regierung, dass die Bevölkerung, inzwischen nicht mehr nur die Jugendlichen, bis zum Äußersten gehen würde. Ein Reporter sagte dazu: »Sogar in kriegsgewohnten Regionen halten sich die Menschen an die Ausgangssperre. Wenn die Tunesierinnen und Tunesier jetzt noch auf die Straße gehen und alles riskieren, dann wollen sie nicht von ihren Forderungen abrücken. Das muss die Regierung doch einsehen!«

Die Plünderungen und sinnlosen Zerstörungen, meistens Begleiter jeder Revolte, fanden vom Norden bis zum Süden des Landes statt.

Was macht man, als Auslandstunesier, der in die Ferien kommt, die Taschen voller Devisen, wenn die Banken zu sind? Ich rief meine Bankerin zu Hause an. Sie sagte mir, dass am Donnerstag alle Geldinstitute geschlossen seien, weil Anschläge auf sie befürchtet würden, nicht von Revolutionären, sondern von Banditen, die die Lage ausnutzten, und dass am Freitag ein Generalstreik geplant sei. Eine Bank in der Stadt, die die Rolle einer Notfallapotheke spielte, könnte vielleicht, abhängig von den Tumulten und den Instruktionen aus Tunis, aufmachen, aber das sei ungewiss …

Hier stellte sich das Horten von Geld »unter dem Kopfkissen« mal als Vorteil heraus: Plötzlich war in meiner Familie und meiner Nachbarschaft jede Menge Geld vorhanden, das sie mir vorstrecken wollten.

Der Präsident kündigte eine Rede für Donnerstagabend

an. Das ganze Land spekulierte: Angeblich hatten die Frau, die Schwäger und andere nahe Verwandte das Land bereits verlassen, in Richtung Dubai. Die ersten Opfer mit Doppelbürgerschaften wurden gemeldet: Ein in Frankreich lehrender Professor und eine Schweizerin mit tunesischem Hintergrund wurden Opfer irrender Kugeln. Die Schweiz veröffentlichte eine Meldung, das Land zu meiden. Hier machten sich jene, die noch etwas Übersicht hatten, schon Sorgen um die Tourismussaison. Amerika empfahl ebenfalls, nur in dringenden Fällen nach Tunesien zu reisen – eine Situation, die das Land bisher nicht kannte und von der man nur im Zusammenhang mit schwarzafrikanischen Gebieten gehört hatte.

Der Präsident sollte gegen 20.00 Uhr reden.

In vielen Städten saßen die Menschen seit dem späten Nachmittag vor den Fernsehern, andere glaubten an nichts Gutes und plünderten weiter. In Medenine, bisher eher ruhig geblieben, wurden zwei Polizeiposten in Brand gesetzt. Die teilweise mit solchen Situationen unerfahrenen Polizisten reagierten verängstigt und nervös. Einer erschoss mit drei Kugeln eine Frau, die bei einem Bankautomaten stand, vor den Augen ihres Mannes. Es war dunkel, Rauch und Tränengas behinderten die Sicht. Vielleicht hielt er sie für einen Plünderer, aber die Bevölkerung glaubte nichts Beschwichtigendes mehr, sie ging aufs Ganze und lieferte sich regelrechte Straßenschlachten mit den Ordnungshütern, während andere auf die dritte Rede des Präsidenten warteten.

Die Gewerkschaften versandten landesweit Telegramme mit dem Aufruf zum Generalstreik am Freitag. Er sollte alle öffentlichen und großen privaten Institutionen betreffen, ausgeschlossen waren lediglich die kleinen Händler.

Die Spekulationen über den Inhalt der erwarteten Rede gipfelten nun in den fantastischsten Ideen. Der Präsident sei gar nicht mehr im Land, sagten die einen. Andere meinten, der Premierminister werde übernehmen, andere wiederum glaubten, dass das Militär nun die Macht ergreifen und die Bildung einer neuen Regierung erzwingen würde. Es gab sogar das Gerücht, Amerika könnte einmarschieren …

Über eins waren sich alle einig: So etwas hatten sie nicht erwartet! Und angefangen hatte alles mit dem Freitod eines unterdrückten, verzweifelten jungen Mannes. Ein Oppositioneller schlug im Al-Jazira-Sender vor, den Platz des 7. November (Machtübernahme Ben Alis) in den Platz Bouazizi umzubenennen und damit die Bedeutung dieses jungen Märtyrers für das Land auszudrücken. Inzwischen hatte man aus Algerien gehört, dass dort die Preise für Mehl und andere Grundlebensmittel wieder gesenkt wurden, nachdem die Ankündigung, sie nach oben anzupassen, aufgrund der enormen Devisenreserven des Landes nicht verstanden und bekämpft worden war. Also gab es auch hier die Hoffnung, die Rede des Präsidenten könnte in diese Richtung weisen, aber niemand wusste es wirklich … Und alle fragten sich: Wie kann eine Regierung, die enorme Summen aus Erdöl einnimmt, gerade die Preise der Grundlebensmittel erhöhen, was die ärmsten Menschen der Gesellschaft trifft? Wo sind die vielen Milliarden aus dem Erdölgeschäft?

Ein Europäer kann das nicht verstehen, beim besten Willen und bei größter Bemühung nicht. Man stelle sich Folgendes vor:

Die Schweiz exportiert für Milliarden Schokolade und Käse. Der Erlös kommt dem Staat zugute, weil die größten Exporteure in staatlicher Hand sind. Die Gewinne aber sahnen die Bundesräte, einige Nationalräte und deren Freunde ab. Dann werden die Preise für Kartoffeln erhöht. Ich glaube, die Menschen gingen auch in der Schweiz auf die Straßen.

Um 20.00 Uhr stand wahrscheinlich das ganze Land vor irgendeinem Fernsehgerät. Der Präsident sprach kurz, aber die Worte wurden für manche tatsächlich zu Zauberworten. Zuerst sagte er in versöhnlichem Ton – aber das war nicht neu –, dass die Meinung des Volkes bei ihm angekommen sei und verstanden wurde. Danach entschuldigte er sich und drückte sein äußerstes Bedauern aus. Es sei dieses Landes nicht würdig, dass die Kinder aus Angst zu Hause bleiben müssten und nicht in die Schule gehen dürften. Es sei dieses Landes nicht würdig, dass scharf geschossen würde. Dies solle sofort aufhören. Er habe Folgendes beschlossen und dem Premierminister mitgeteilt:

1. Ab sofort gilt absolute Rede- und Versammlungsfreiheit; wer demonstrieren will, darf dies jederzeit tun, muss lediglich aus Sicherheitsgründen den Ort und die Zeit der Veranstaltung bekannt geben.

2. Ab sofort werden sämtliche Internetzugänge freigegeben und jegliche Überwachung des Internets wird eingestellt.

3. Der Präsident werde trotz der Empfehlungen mehrerer Seiten nicht für die Präsidentschaftswahlen 2014 kandidieren. Er habe 1987 gesagt: «Keine Präsidentschaft auf Lebenszeit», und wolle dies einhalten.

4. Er sei in die Irre geführt worden durch Leute, die zur Re-

chenschaft gezogen würden. Dies wiederholte er: Sie werden zur Rechenschaft gezogen. (Wer alles damit gemeint ist, ob es Berater oder der Clan seiner Frau, die Trabelsis, sind, bleibt Spekulation.)

5. Es werde eine neutrale und unabhängige Kommission gebildet – auch die Unabhängigkeit dieser nationalen Kommission wurde wiederholt –, die die Vorfälle und die Korruption im Lande untersuchen werde. Auch hier wurde mit Blick auf die enormen Vermögen der Familie der Präsidentenfrau darüber diskutiert, ob wohl alle diese Ländereien, Projekte, Vermögen im In- und Ausland, Flugzeuge, wieder zurückgeholt werden könnten. (Anscheinend hatte der Volksmund verbreitet, dass die Frau des Präsidenten im Ausland mit vielen Gästen auf Kosten des Staates pompös Silvester gefeiert hatte.)

6. Der Präsident habe 50 Jahre seines Lebens im Dienst des Landes gestanden, davon 23 Jahre im Präsidentenamt, er habe viele Opfer gebracht und wisse nun, dass er nicht alles habe erreichen können, insbesondere (wörtlich) «in der Demokratie und den Freiheiten».

7. Die Preise für Grundnahrungsmittel wie Brot, Zucker und Mehl würden sofort gesenkt.

Der Präsident wünschte dem Land Ruhe und Frieden und schloss mit den Worten: »Hoch lebe Tunesien, hoch leben die Tunesier« und »Assalamu aleikum – Friede sei mit Euch.«

Bei jedem seiner Sätze sahen wir einander ungläubig an. Als er sagte, er kandidiere nicht mehr, klatschten wir, als er sagte, es falle kein Schuss mehr, jubelten wir, als er zugestand, Fehler gemacht zu haben, stimmten wir zu, und als er die unabhängige Kommission beschrieb, die die kriminellen Machenschaften seiner Umgebung untersuchen sollte, dachten wir einhellig, das sei nicht möglich, das sei nicht Tunesien!

Und die Geschichte wiederholte sich: Im Januar 1984, nach schweren Tumulten und einigen Toten, war Bourguiba vor die Kameras getreten, alternd und schwach, und hatte die Preiserhöhungen für Brot, die noch im Dezember verhängt worden waren, zurückgenommen.

Ich persönlich dachte, die Revolution sei vorbei, die Leute würden noch heute Nacht oder spätestens morgen früh zur Normalität zurückkehren. Aber ich kannte meine Landsleute und ihre Leiden nicht mehr so gut. Nach 40 Jahren Europa verliert man das Auge für die Details …

Sofort nach der Rede, in der der Präsident berührt und nervös schien und mehrmals die Mikrofone mit den gestikulierenden Händen berührte, setzten die Analysen von Journalisten ein. Menschen gingen auf die Straße und schrien: »Yahhja Ben Ali – Es lebe Ben Ali.« Andere wollten aber erst abwarten, sie waren entweder nicht sicher oder trauten ihren Ohren nicht: So etwas in einem arabischen Land – ein Präsident, der sich bei seinem Volk entschuldigt, Misserfolge und Missstände zugibt und nun ehrlich Freiheiten geben zu wollen scheint, die es noch nie wirklich gab. Keine theoretischen Freiheiten, sondern echte!

Erst erwies sich, dass die Bilder jubelnder Menschen nach dieser dritten Ansprache konstruiert waren. Die Medien waren noch nicht ganz frei und so konnten die viel größeren protestierenden Mengen noch nicht auf allen Kanälen gezeigt werden.

Es war für das Volk zu wenig. Die nächsten drei Jahre, in denen Ben Ali noch regieren würde, könnten sich als Hölle erweisen. Er könnte sogar bis dahin alles so unterdrücken, dass er doch lebenslang Präsident bliebe.

Vor allem im Ausland sitzende Oppositionelle wollten die Radikallösung. Sie wollten Ben Alis Rückzug auf der ganzen Linie. Und einige Menschen hier sagten sich: »Ihr hockt im sicheren Ausland, werdet dort geschützt und finanziert, während wir hier 60 Tote zu beklagen haben und durch die Hölle gehen. Und wenn's vorbei ist, dann wollt ihr gern kommen und die Regierung übernehmen.«

Es ist einfach, einen Löwen anzufauchen, der angekettet in einem Käfig sitzt. Mut ist, wenn man sich in den Käfig hineinwagt und dann noch den Löwen anschreit! Und das taten einige namhafte Regierungsgegner, die niemals das Land verlassen hatten, die mehrmals Gefängnis und Folter erlebt hatten. Sie marschierten heute in den Straßen von Tunis neben Arbeitern, Beamten, Anwälten, Schülern und Studenten, jungen und älteren Frauen.

Die in Europa lebende Opposition wollte die soziale Geschichte zwischen Französischer Revolution und heute auf 24 Stunden verkürzen. Und wer sagt, dass Tunesien bereit ist für ein Mehrparteiensystem und eine starke Opposition? Es gibt genug arabische Länder, wo diese politischen Rechte zu Chaos und Regierungsunfähigkeit führten …

Es blieb abzuwarten, was aus den Dekreten des Präsidenten würde.

Wir saßen die halbe Nacht vor den Fernsehern. Mein Bruder wurde angerufen: In der Mineralwasserfabrik, wo er einen Kaderposten innehatte, seien mehr als 50 Arbeiter zur Verteidigung des Arbeitsplatzes vor diesen elenden Banditen zusammengetrommelt worden. Er solle aber zu Hause bleiben, denn zwischen der Stadt und dem Werk in etwa zehn Kilometern Entfernung gab es kein Durchkommen: Krawalle, Polizei und Militär, das reine Chaos.

Immer wieder meldeten Reporter und Journalisten: »Schämt euch alle, die ihr jetzt die Lage nutzt, um zu plündern. Das ist nicht im Sinne unserer vielen gestorbenen Märtyrer! Wir kämpfen gegen ein Regime, nicht gegeneinander. Ihr verwüstet Eigentum, das niemand zurückerstatten wird. Ihr schneidet euch ins eigene Fleisch. Hört endlich auf damit!«

Islamisierung und Arabisierung

Die ersten arabischen Vorstöße auf das heutige Tunesien begannen im Jahre 647.

Anders als vorherige Eroberer gaben sich die Araber nicht damit zufrieden, nur die Küstengebiete zu okkupieren, sondern machten sich auch an die Eroberung des Landesinneren. Nach einigem Widerstand konvertierten die meisten Berber zum Islam, vor allem durch die Aufnahme in die Streitkräfte der Araber. In den neu gebauten Ribats wurden religiöse Schulen eingerichtet. Gleichzeitig jedoch schlossen sich zahlreiche Berber der Glaubensrichtung der Charidschiten an, die die Gleichheit aller Muslime unabhängig von ihrer Rassen- oder Klassenzugehörigkeit verkündigte. Das heutige Tunesien blieb eine Provinz der Umayyaden, bis es 750 an die Abbasiden fiel. Zwischen 767 und 776 wurde das gesamte Territorium Tunesiens von den berberischen Charidschiten unter Abu Qurra beherrscht, die sich später in ihr Königreich Tlemcen zurückziehen mussten.

Ab dem ersten Drittel des 12. Jahrhunderts war Tunesien häufigen Angriffen der Normannen aus Sizilien und Süditalien ausgesetzt. Das Territorium von Ifriqiya wurde gleichzeitig (1159) vom Almohaden-Sultan Abd al-Mu'min von Westen aus erobert. Wirtschaft und Handel blühten auf; Handelsbeziehungen wurden mit den wichtigsten Städten am Mittelmeer aufgenommen. Der wirtschaftliche Aufschwung bewirkte, dass das almohadische Jahrhundert als **goldenes Zeitalter des Maghreb** in die Geschichte einging, als sich große Städte mit prächtigen Moscheen entwickelten und Wissenschaftler wie Ibn Chaldun arbeiteten.

Die Almohaden legten die Verwaltung des heutigen tunesischen Gebiets in die Hände von Abu Muhammad Abdalwahid, doch bereits sein Sohn Abu Zakariya Yahya I. löste sich 1228 ab und gründete die Dynastie der Hafsiden. Zwischen 1236 und 1574 regierte somit die erste tunesische Dynastie. Die Hauptstadt wurde nach Tunis verlegt, das sich dank des Seehandels schnell entwickelte.

Der Streik war nicht mehr abzuwenden. Aber vielleicht beruhigte er auch die Gemüter, die Cafés waren wieder voll, nachdem sie zuvor wie leer gefegt gewesen waren: Die einen hatten demonstriert, die anderen waren aus Angst vor Gewalt zu Hause geblieben. Das Militär war präsent, aber intervenierte nirgends, es beschützte lediglich die ihm anvertrauten Gebäude. Mit dem Militär, sagen die Leute hier, ist nicht zu spaßen. Aber das Militär ist der Beschützer des Volkes. Eine einzige aus dem Gewehr eines Soldaten abgefeuerte Kugel würde Bürgerkrieg bedeuten! Das Militär beschützte auch die Polizei und vermittelte teilweise zwischen ihr und der aufgebrachten jungen Bevölkerung, die ihren Hass und ihre Unterdrückung der letzten Jahrzehnte mit jedem Mittel zum Ausdruck bringen wollte.

Würde die Bevölkerung diese als historisch gewerteten Zugeständnisse annehmen oder doch die radikale Version mit all ihren Risiken fordern?

Die Straße hatte sich entschieden: Sie war durch die Rede des Präsidenten nicht beruhigt worden. Man warf ihm unter anderem vor, die Bevölkerung für Idioten zu halten: Er habe während seiner Amtszeit von 23 Jahren keine 50.000 Arbeitsplätze geschaffen, und nun versprach er 300.000 Menschen Arbeit innerhalb zweier Jahre! Das war nur Taktik. Und als es zu lange still blieb um den nun offen als Diktator und Unterdrücker genannten Staatschef, kamen die ersten Gerüchte auf, er sei außer Landes. Am Freitagabend gab es auf den Straßen Schreie der Befreiung und Freude: Der Präsident hatte das Land verlassen. Vermutungen über den Sender Al Jazira ließen ahnen, dass ein Konvoi mit dunklen Fahrzeugen vor dem Flughafen Tunis-Carthage den Präsidenten in Sicherheit bringen sollte. Um 18.00 Uhr war es klar: Der Premierminister trat vor die Kameras und erklärte, aufgrund des Artikels 56 der tunesischen Verfassung übernehme er die Regierungsgeschäfte, über den Aufenthalt des Zine el Abidine Ben Ali verlor er kein Wort. Er sprach lediglich von Abwesenheit. Es sollte sich erst später erweisen, dass es zwischen dem Artikel 56 und 57 einen wichtigen Unterschied gibt. Der Artikel 56 bezeichnet den Premierminister als vorläufigen Präsidenten und verpflichtet ihn, innerhalb von sechs Monaten Neuwahlen zu organisieren. Der Artikel 56 gilt aber nur, wenn der Staatschef auf diplomatischer Mission ist oder vor seiner Abreise die Vollmacht an den Premier abgegeben hat. Ersteres war kaum der Fall und Letzteres hätte der Premier erwähnen müssen. Nun stürzten sich die Journalisten, die jetzt frei in Fernsehdebatten diskutieren durften, mithilfe von Juristen auf die Artikel 56 und 57 der Verfassung. Der zweite Artikel erwähnt nämlich, dass der Parlamentspräsident die Macht übernehmen und innert 60 Tagen Neuwahlen durchführen muss, wenn der Präsident wegen dauernder oder definitiver Abwesenheit seine Geschäfte nicht mehr wahrnehmen kann. Alle waren sich einig, dass Ben Ali geflohen und nicht nur kurz verreist war. Warum also nicht Artikel 57? Was bezweckte der Premier? Und schon gingen die Spekulationen los. In einem Land, das 23 Jahre spekulieren, aber nicht wissen durfte, war das verständlich. Vielleicht war es Absicht, meinten einige. Vielleicht wollte man den Präsidenten nur für eine kurze Zeit von wenigen Stunden oder

Tagen in Sicherheit bringen, daher der Artikel 56.

Mohamed Ghannouchi wird in die Geschichte nicht nur Tunesiens eingehen: Er war Präsident des Landes für einen einzigen Tag. Am Samstag trat der Parlamentspräsident vor die Kameras und stützte sich auf Artikel 57, wonach bei definitivem Verlassen des Territoriums durch den amtierenden Präsidenten der Parlamentspräsident die Regierungsgeschäfte übernehmen und innert zwei Monaten Neuwahlen abhalten lassen muss (inzwischen war bekannt, dass Ben Ali mithilfe des Militärs und unterstützt durch Muammar Gaddafi das Land in Richtung Europa verlassen hatte, das ihn aber nicht wollte, und danach Asyl in Saudi-Arabien – angeblich aus humanitären Gründen – fand). Fouad el Embazza – er diente schon unter Bourguiba – übernahm die schwierige Aufgabe und sagte, er habe den Premier bereits mit der Neubildung einer Übergangsregierung beauftragt. Beide Persönlichkeiten, der Premier und der Parlamentspräsident, sind wegen ihres zu hohen Alters keine Kandidaten für die Präsidentschaft, sofern das Gesetz der geltenden Verfassung eingehalten wird. Und dass sie es einhalten würden, dafür sorgte die immer noch aktive Straße.

Was den Leuten nun echte Sorgen machte, das waren »Banditen«, Milizen, Freischärler, noch zur Gruppe Ben Alis zuzuordnen, die plündernd und teilweise mit Pistolen und automatischen Feuerwaffen die Städte von Norden bis Süden terrorisierten. Es waren aber auch gemeine Kriminelle und Diebe, die das Chaos ausnutzen wollten.

Meine Schwägerin fragte: »Gelten nun die Preissenkungen des Präsidenten? Auch wenn er geflohen ist?«

Denn Brot war trotz der Senkung einfach nicht mehr zu finden. Wir schickten vier unserer Jungen in verschiedene Richtungen. Sie kamen alle mit leeren Händen zurück. Sie sahen, wie manche Leute mit bis zu 20 Broten aus einer Bäckerei – durch die Hintertür – herauskamen und davonrannten oder -fuhren. Man bekam das Brot also auch nur noch durch Beziehungen. Dieses Horten – auch keine Besonderheit dieser tunesischen Revolution – machte die Knappheit. Ein Bäcker soll gesagt haben: «Ich habe genügend Mehl, Salz und Hefe, Wasser auch. Aber mir fehlen die Arbeiter, die wegen der Ausgangssperre nicht mehr früh genug kommen oder aus Angst gar nicht mehr auftauchen.»

Und ein anderer Bäcker rief der wartenden Schlange zu: »Ich mache nicht auf. Ich habe Angst.« Worauf einige beherzte Männer vorschlugen, sich zu bewaffnen und die Bäckerei vor Plünderern zu schützen, während der Bäcker endlich seine Arbeit tun konnte.

In den meisten Familien war die Rede nicht mehr von der Gefahr durch das nun zerschlagene Regime. Die größte Sorge wurde jetzt die Versorgung mit Lebensmitteln.

Wir tranken – auf der Suche nach einer offenen Bank – einen Kaffee an der Hauptstraße von Medenine. Ich sagte meinen Brüdern, dass ich hier in dieser Straße 1968 als zehnjähriger Knirps auf dem Weg zur Schule Habib Bourguiba gelauscht hätte, in seinen Sendungen »Min taoujihat el Rais – Von den Weisungen des Präsidenten«.

Wir lächelten alle mit einem nostalgischen Gefühl, aber wir wussten, dass auch die Zeiten von Bourguiba nicht sonderlich gut gewesen waren. Viele Menschen verschwanden, wenn sie gegen sein Regime antraten. Und auch damals waren die Menschen untereinander misstrauisch. Erst heute, in diesem Café, das noch die alten Stühle der Siebzigerjahre anbot, schien ein Wind von Redefreiheit zu wehen …

Osmanische Herrschaft

Ab der zweiten Hälfte des 14. Jahrhunderts verloren die Hafsiden langsam die Kontrolle über ihr Territorium und gerieten, speziell nach der verlorenen Schlacht von Kairouan (1348) unter den Einfluss der Meriniden des Abu Inan Faris. Die Pest von 1348 traf Ifriqiya mit voller Wucht und trug zum größten Bevölkerungsschwund seit den Invasionen durch die Banu Hilal bei. Gleichzeitig begannen Mauren und Juden, aus Andalusien einzuwandern. Die Spanier unter Ferdinand II. und Isabella I. eroberten die Städte Mers-el-Kébir, Oran, Bejaia, Tripolis und die Algier vorgelagerte Insel. Die Hafsidenherrscher sahen sich genötigt, die Hilfe der Korsarenbrüder Khair ad-Din Barbarossa und Arudsch in Anspruch zu nehmen.

In ihrer Bedrängnis erlaubten die Hafsiden den Korsaren, den Hafen von La Goulette und die Insel Djerba als Basis zu benutzen. Nach dem Tod von Arudsch machte sich sein Bruder Khair ad-Din Barbarossa zum Vasallen des Sultans von Istanbul und wurde von ihm zum Admiral des Osmanischen Reiches ernannt. Er eroberte 1534 Tunis, musste sich aber 1535 aus der Stadt zurückziehen, nachdem diese durch eine Armada von Karl V. im Tunisfeldzug erobert worden war. 1574 wurde Tunis wieder von den Osmanen, diesmal unter Führung von Turgut Reis, erobert. Tunesien wurde damit eine Provinz des Osmanischen Reiches. Die neuen Herrscher hatten aber wenig Interesse an Tunesien und ihre Bedeutung nahm ständig auf Kosten von lokalen Machthabern ab; es waren nur 4.000 Janitscharen in Tunis stationiert. Im Jahre 1590 kam es zu einem Janitscharenaufstand, als dessen Resultat ein Dey an die Staatsspitze gesetzt wurde. Ihm war ein Bey unterstellt, der für die Verwaltung des Landes und die

Steuereintreibung verantwortlich war. Der dem Bey gleichgestellte Pascha hatte nur die Aufgabe, den osmanischen Sultan zu repräsentieren. Im Jahre 1612 gründete Murad Bey die Dynastie der Muraditen, am 15. Juli 1705 machte Husain I. ibn Ali sich zum Bey von Tunis und gründete die Dynastie der Husainiden. Unter den Husainiden erreichte Tunesien einen hohen Grad an Selbstständigkeit, obwohl es offiziell noch immer osmanische Provinz war. Ahmad I. al-Husain, der von 1837 bis 1855 regierte, leitete einen Modernisierungsschub ein mit wichtigen Reformen wie der Abschaffung der Sklaverei oder der Annahme einer Verfassung.

Der Präsident, der nun der »vertriebene« oder Ex-Präsident genannt wurde, war erst 48 Stunden außer Landes, da riefen alle Fernsehsender die Bevölkerung auf, sich selbst gegen Banditentum und Plünderer zu wehren, da das Militär erst im Anmarsch sei. Die Polizei war wegen ihres Vertrauensverlusts bei der Bevölkerung nicht einberufen worden. Es gab Szenen, wo sich Soldaten und Bürger umarmten und küssten, als die Armee die Sicherung der Quartiere endlich übernehmen konnte.

Die Fernsehketten brachten – in freiem Wettbewerb – erschütternde Zeugnisse: Eine Frau ruft nach Hilfe, ein Mann beschreibt die Plünderei, die nun bis in die privaten Häuser geht. Aber es gab auch ermutigende Aussagen wie die eines älteren Mannes: »Glauben denn diese Banditen, dass wir in der Lage waren, ein ganzes kriminelles Regime zu vertreiben, und uns von diesen Helfershelfern einschüchtern lassen? Sollen sie ruhig kommen, wir brechen ihnen allen das Genick«, worauf der Moderator eben zum moderaten Verhalten aufrief, denn als herauskam, dass die Banditen eindeutig zu Ben Ali gehörten und zumeist in Mietautos kamen, wurden unschuldige Leute verdächtigt und festgehalten … Das Chaos schien perfekt. Und das, dachten die meisten Menschen, wollte Ben Ali erreichen: Wenn das Chaos im Land herrschte, würden sie ihn und sein Regime wieder zurückwünschen. Aber vielleicht erinnerten sich die Tunesier an einen Satz in ihrer Nationalhymne, die ein Gedicht des im Alter von 30 Jahren viel zu jung verstorbenen Abulqassem Schebbi ist: »Und wenn das Volk das Leben wirklich will, dann wird sich das Schicksal zu seinen Gunsten wenden.« Aus der fatalistischen Haltung der letzten Jahrzehnte wurden Mut und Zuversicht und alle redeten von Gemeinschaft und Solidarität des ganzen Volkes. Es wurden sogar Aufrufe an die verfeindeten »Banditen« gerichtet, sie sollten endlich die neue Realität anerkennen und die Seiten wechseln …

Der Konvoi, der am Freitagabend in der Nähe des Flughafens Tunis unterwegs gewesen war, war identifiziert worden. Es waren Mitglieder der Familie Trabelsi gewesen, die flüchten wollten, weil die Menschen auf den Straßen ihrem Ärger in den freien Sendern immer mehr Luft machten und nun Namen nannten, die sie für die Misere des Staates und die Arbeitslosigkeit verantwortlich machten. Einige waren sogar der Meinung, der Präsident sei der Harmloseste, seine Schwagerfamilie müsste zur Rechenschaft gezogen werden. Und was das hieß, wussten die Trabelsis. In einem privaten Fernsehsender, der nun 24 Stunden lang recherchierte und berichtete, kam ein Mann zu Wort, der wie Bouazizi, dessen Freitod die Revolte in Gang gebracht hatte, als Held gefeiert wurde: der Kapitän des Flugzeugs, der sich geweigert hatte, abzufliegen, als er sich seiner Passagiere bewusst geworden war. Bescheiden und nicht sehr redegewandt sagte er im Sender lediglich, er habe nicht Leute außer Landes bringen wollen, die so viel Elend über Tunesien gebracht hatten. Er hatte sich mit den Augen mit seinem Kopiloten verständigt, wonach beide fluchtartig das Flugzeug verließen und die Gäste sitzen ließen, bis das Militär diese holte und abführte.

Ben Ali, so die Gerüchte, sei mithilfe seines Freundes Gaddafi außer Landes gebracht worden, mit einem Flugzeug, das im

Norden startete und das dieser ihm geschickt habe. Es war klar, dass kein libysches Flugzeug in den tunesischen Luftraum hatte eindringen können, ohne eine entsprechende Genehmigung zu haben. Immer mehr sickerte durch, dass diese Flucht im Interesse des Landes und um ein größeres Chaos zu vermeiden mit Wissen der wichtigsten Regierungsmitglieder vom Militär geplant und durchgeführt worden war.

Der Samstagabend kündigte sich mit Tumulten und Gerüchten über randalierende Banden an, die bis in unsere Quartiere eindringen und stehlen wollten. Einige junge Männer postierten sich an den Quartiereingängen und bewaffneten sich mit Stöcken, Steinen, Schläuchen. Sie holten Schaufeln und Hacken hervor und waren zu allem bereit.

Mangels »normalen« Brots entdeckten wir wieder die Backkunst der »Tabouna« – des Fladenbrotes. Als wir das Brot zum Nachtessen probierten, waren wir überrascht, wie gut es war. Solange wir also Mehl, Wasser, Salz und etwas Hefe hatten, riskierten wir nicht, zu verhungern. Wir starrten alle auf den Fernsehschirm, meine beiden Brüder in ihre wollenen Bournous gehüllt, die Kinder schon unter der Decke, als meine Schwester von nebenan mit dem Handy anrief und eine Bande ankündigte, die unterwegs in unser Quartier war. Wir sprangen alle auf. Meine Mutter sah uns von ihrem Zimmer aus und wollte unbedingt, dass ich im Haus bliebe. Ja, sie wollte, dass meine Brüder und Neffen mein eigenes Haus verteidigten …

Was auch immer nach einer Waffe aussah, nahmen wir mit und trafen schon auf unserem Weg hinaus auf die Straße einige Nachbarn und Cousins. Am Eingang unseres Quartiers hatten einige ein Feuer entfacht, das bereits loderte, als wir uns ihnen anschlossen. Wir waren zu allem bereit. Die Gruppendynamik funktionierte tadellos: Auch die eher ängstlichen, schwächeren Cousins und Nachbarn wurden von den anderen angefeuert: »Wir treiben sie in die Flucht wie die Hühner!« »Ja, wir fauchen sie an und sie verschwinden wie verängstigte Hasen.«

»So was erlebst du nie, Ouild Ammi – Sohn meines Onkels!», sagte Moncef zu mir. Und ich antwortete: «Wenn ihr wüsstet! Wir haben so was jährlich in der Schweiz. Am 1. Mai umfahren wir Zürich großräumig, weil dort Krawalle der wüstesten Art stattfinden!«

»Gegen was protestieren die Leute denn?«

»Jedenfalls nicht gegen die Diktatur …«

Wir saßen noch lange da. Gelegentlich sprang einer auf und rannte in eine Richtung, weil er dort Tumulte zu hören glaubte, er kam aber gemächlich zurück und die Spannung in unseren Armen und unseren um die Stöcke geballten Händen ließ nach. Das Feuer war angenehm zu dieser Nachtzeit, es war ja eigentlich schon früher Morgen. Glücklicherweise blieb es ruhig. Vielleicht hatten die Randalierer, die ja auch mit Handys bestückt waren, erfahren, dass das Quartier Ben Hamida einer Festung glich. Und so hatte ich Gelegenheit, mit einigen Cousins über die alten Zeiten zu reden, als wir in die Schule gingen, als die Ersten von uns heirateten und Kinder kriegten, und als wir – hier mussten wir uns bei Allah für die Sünden entschuldigen – Vögel fingen und sie brieten …

Cousin Jamel erwähnte noch ein besonderes Erlebnis: Wir spielten Fußball, barfuß natürlich, wer hatte schon Schuhe, geschweige denn Turnschuhe. Er wollte einen Elfmeter schießen, übersah einen in dem kargen harten Boden steckenden scharfen Stein … Sein Zehennagel sei heute noch schwarz!

Und die Narbe an der Stirn meines Bruders … Die kam auch wieder ins Gespräch. Béchir, ein anderer Cousin, wollte meinem neben ihm stehenden Bruder zeigen, wie weit er einen flachen Stein werfen konnte. Er drehte sich dazu mehrmals, und als er warf, stand mein Bruder genau in der Schusslinie.

So hatte die Nacht für mich viele nostalgische Episoden …

Französisches Protektorat

Wirtschaftliche Schwierigkeiten, hervorgerufen durch eine ruinöse Politik der Beys, hohe Steuern und ausländische Einflussnahme, zwangen die Regierung 1869, den Staatsbankrott zu erklären und eine internationale englisch-französisch-italienische Finanzkommission ins Leben zu rufen. Aufgrund seiner strategischen Lage wurde Tunesien schnell zum Zielpunkt der französischen und italienischen Interessen. Die Konsuln Frankreichs und Italiens versuchten, aus den finanziellen Schwierigkeiten der Beys ihre Vorteile zu ziehen, wobei Frankreich darauf vertraute, dass sich England neutral verhalten würde (England hatte kein Interesse daran, dass Italien den Seeweg über den Sueskanal in seine Kontrolle bringen würde), und auch darauf, dass Bismarck die Aufmerksamkeit Frankreichs von der Elsass-Lothringen-Frage ablenken wollte.

Einfälle von Plünderern aus der Kroumirie in das Territorium Algeriens lieferten Jules Ferry den Vorwand, Tunesien zu erobern. Im April 1881 drangen französische Truppen in Tunesien ein und eroberten innerhalb von drei Wochen Tunis, ohne auf nennenswerten Widerstand zu stoßen. Am 12. Mai 1881 wurde Bey Muhammad III. al-Husain zur Unterzeichnung des Bardo-Vertrages gezwungen. Aufstände rund um Kairouan und Sfax einige Monate später wurden schnell erstickt. Das Protektorat wurde mit dem Vertrag von la Marsa vom 8. Juni 1883 gefestigt. Sie räumten Frankreich weitreichende Befugnisse in der Außen-, Verteidigungs- und Innenpolitik Tunesiens ein. Frankreich gliederte das Land in sein Kolonialreich ein und vertrat in der Folge Tunesien auf dem internationalen Parkett. Der Bey musste fast seine gesamte

Macht an den Generalresidenten abgeben. Auf wirtschaftlichem Gebiet gab es Fortschritte.

Am Beginn des 20. Jahrhunderts begann Widerstand gegen die französische Besatzung. 1907 gründeten Béchir Sfar, Ali Bach Hamba und Abdeljelil Zaouche die reformistische Intellektuellenbewegung Jeunes Tunisiens. Diese nationalistische Strömung zeigte sich in der Djellaz-Affäre 1911 und im Boykott der Straßenbahn von Tunis 1912. Von 1914 bis 1921 herrschte in Tunesien der Ausnahmezustand und jede antikolonialistische Presse wurde verboten. Trotzdem bekam die nationale Bewegung mehr Zulauf und zu Ende des Ersten Weltkriegs wurde von einer Gruppe um Abdelaziz Thâalbi die Destour-Partei gegründet. Sie verkündete nach ihrer offiziellen Gründung am 4. Juni 1920 ein Acht-Punkte-Programm. Der Anwalt Habib Bourguiba, der schon vorher in Zeitschriften wie **La Voix du Tunisien** oder **L'Étendard tunisien** das Protektoratsregime angeprangert hatte, gründete 1932 zusammen mit Tahar Sfar, Mahmoud Materi und Bahri Guiga die Zeitschrift **L'Action Tunisienne**, welche neben der Unabhängigkeit auch für den Laizismus eintrat. Diese Position führte zur Spaltung der Destour-Partei auf dem Kongress von Ksar Hellal am 2. März 1934.

Nach der Ankunft des neuen Generalresidenten, Jean de Hautecloque, am 13. Januar 1952 und der Verhaftung von 150 Destour-Mitgliedern am 18. Januar begann eine bewaffnete Revolte, während sich die Fronten auf beiden Seiten verhärteten. Die Ermordung des Gewerkschafters Farhat Hached durch die kolonialistische Extremistenorganisation La Main Rouge führte zu Kundgebungen, Unruhen, Streiks und Sabotageaktionen, wobei das Ziel immer mehr die Strukturen der Kolonisation und Regierung wurden. Frankreich mobilisierte 70.000 Soldaten, um die tunesischen Guerilla-Gruppen unter Kontrolle zu bringen. Diese Situation wurde erst mit der Zusicherung innerer Autonomie an Tunesien durch Pierre Mendès-France am 31. Juli 1954 entschärft. Am 3. Juli 1955 wurden schließlich von Tunesiens Premierminister Tahar Ben Ammar und seinem französischen Amtskollegen Edgar Faure die französisch-tunesischen Verträge unterzeichnet. Trotz des Widerstandes von Salah Ben Youssef, der in der Folge aus der Destour-Partei ausgeschlossen wurde, wurden die Verträge vom Kongress des Néo-Destour am 15. November in Sfax ratifiziert. Nach neuen Verhandlungen erkannte Frankreich am 20. März 1956 die Unabhängigkeit Tunesiens an, wobei es sich die Militärbasis in Bizerta behielt.

Gegen Mittag hatte das Militär nach einigen teils blutigen Zwischenfällen und mehreren Verhaftungen mutmaßlicher Diebe mit großer Verantwortung an der libyschen Grenze endlich die Sicherheit im Griff. Niemals zuvor hatten die Menschen so große Freude an Straßensperren gehabt wie jetzt. Nun war mindestens der Bürger sicher, auch wenn weiterhin die Ausgangssperre von 17.00 Uhr bis 7.00 Uhr galt. Das war den Leuten gleich. Hauptsache, die Ordnung kehrte langsam wieder zurück. Die Angst war nämlich am größten, als man erfuhr, dass zwei große Gefängnisse geöffnet und die Insassen freigelassen worden waren. Auch hier übertrafen sich die Mutmaßungen: Während die einen zu wissen glaubten, dass Banditen ihre Freunde befreit hätten, dachten andere, die Helfershelfer Ben Alis wollten die Gefängnisse in die Straßen leeren, damit das Chaos perfekt würde.

Die nun sehr eloquent und laut redenden Journalisten machten dem neuen Präsidenten, der sein Amt seit 24 Stunden innehatte, den Vorwurf, dass er nicht zu ihnen ins Forum, in eine Art Arena käme oder zumindest telefonisch sage, was Sache sei. Sie wollten eben die Revolution innert Stunden erledigt haben. Ihre Ungeduld war angesichts der jahrzehntelangen Schweigepflicht auch verständlich.

Muammar Gaddafi wandte sich an das tunesische Volk. Nach protokollarischen Grüßen und Hochachtung der tunesischen Volkswirtschaft (Statistiken, die er aus verschiedenen Blättern vorlas) warf er den Tunesiern Ungeduld vor: »Wieso habt ihr euer schönes Land in Kohle verwandelt? Eure Söhne in den Tod auf die Straße geschickt? Ihr habt doch gehört, der Mann hat versprochen, 2014 nicht mehr zu kandidieren. Ihr hättet doch weitere drei Jahre warten können.« Die Rede wurde mit Lächeln, Bedauern dieses alternden Freundes von Ben Ali und Ärgernis quittiert. Viele vermuteten, dass er selbst Angst vor seinem Volk hätte, nachdem vor der tunesischen Botschaft in Kairo Sprüche kolportiert worden waren wie »Mubarak, mach dich bereit, Saudi-Arabien erwartet dich schon«. Die arabische Welt hatte nun einen Präzedenzfall. Ein Jugendlicher in Algerien versuchte am Sonntag, sich mit Benzin zu verbrennen, aber er wurde »gelöscht«. Man sagte, Menschen um ihn herum hätten ihn gerettet. Aus der Tragödie wurden nun bedauernswerte Nachahmungen.

Als bekannt wurde, dass Frankreich, ehemals Freund des geflohenen Ben Ali, die verdächtigen Vermögen des Clans einfrieren und die Familienmitglieder der ehemaligen Regierung des Landes verweisen wolle, atmete man auf. Alle waren sicher, dass auch Länder wie die Schweiz und der Rest der Europäischen Union dem Beispiel Frankreichs folgen würden und dass damit auch die im Ausland deponierten, sehr hoch geschätzten gestohlenen Vermögenswerte eines Tages nach Tunesien zurückkehren würden.

Die Fernsehsender riefen immer wieder zur Einhaltung der Ausgangssperre auf. Sie warnten die Menschen vor schwerwiegenden Konsequenzen, dennoch zeigten sie eine rührende Szene von der Avenue Habib Bourguiba, aus der Sicht einer auf einem Dach fixierten Infrarot-Kamera. Die Hauptstraße von Tunis, tags zuvor mit Tausenden von Menschen belebt, war stockdunkel; ein Betrunkener rief laut: »Tunesier, fürchtet euch nicht, die Zeit der Diktatur ist vorbei, ihr habt gesiegt. Tunesier, freut euch über die Freiheit, die echte Freiheit«, worauf einige Fenster aufgingen und ein paar Frauen (außerhalb der Kamerasicht) trillernd antworteten und der Mann torkelnd und mit leiser werdender Stimme mausallein die Avenue Bourguiba entlangspazierte und sich keinen Deut um die Ausgangssperre kümmerte!

In einem Land, wo Informationen stets aus einer einzigen Quelle kommen, treffen Gerüchte auf fruchtbaren Boden: Ein Mädchen wurde am Sonntag mit starken Bauchschmerzen ins Spital eingeliefert. Der Arzt fragte sie vor versammelter Verwandtschaft, was sie zuletzt gegessen oder getrunken hätte, worauf sie antwortete, sie hätte Wasser aus dem öffentlichen Wasserhahn getrunken. Drei Stunden später musste die Gesundheitsbehörde über Radio und Fernsehen die Meldung verbreiten lassen, dass das Wasser unter Kontrolle sei und dass es ein reines Gerücht sei, es hätte einen Giftanschlag auf die Wasserversorgung im Süden des Landes gegeben.

Die Leute sprachen nun offen auf der Straße, mit wildfremden Mitbürgern, über die Missetaten des ehemaligen Präsidenten und seiner Gefolgschaft. Was einem Mitteleuropäer selbstverständlich vorkommt, war hier eine absolute Novität: Man sprach offen und riskierte nichts. Man sagte sich Sachen, die man vor einigen Tagen nicht einmal einem Freund anvertraut hätte. Worte wie Diebe, Tyrannen, Mörder und Schlächter fielen. Und alle waren sich einig: Nie wieder so etwas oder so einer. Dem nächsten Präsidenten wollen sie auf die Finger schauen –

eine ungeheure Vorstellung in einem arabischen Land, wo die Regierenden samt gewählten Parlamentariern sich am Reichtum des Landes bedienen wie zu Zeiten des Sultans. Aber die Realisten mahnten auch zur Besonnenheit und Geduld: Ein Regime ändern sei eins, die Einstellung und die anerzogene oder angeborene Art von Beamten, mit ihren Bürgern umzugehen, wenn es um Anträge, Papiere oder Dienste geht, sei schwerer abzugewöhnen.

Als ich im Hotel auftauchte, war helle Aufregung an der Rezeption. Ich hätte mich beim lokalen Reiseleiter melden sollen, alle Gäste, die mit mir gekommen waren, letzten Mittwoch, seien wieder ausgeflogen worden. Der Reiseveranstalter hatte sie alle wieder in die Schweiz verfrachtet, nach nur zwei Tagen Aufenthalt. Nur ein Paar, das ganze sechs Wochen gebucht hatte, hatte sich geweigert, das Land zu verlassen, weil sie es schon gut kannten. Ich sagte dem Rezeptionisten offen und ehrlich: »Ich bin froh, dass die mich nicht erreicht haben! Warum sollten sie mich um diese ehrenvollen Tage bringen? Zum ersten Mal in 40 Jahren bin ich im Januar in diesem Land, und dann geschieht gerade so etwas. Und ich soll abfliegen?«

Nein, ich wollte bis zum letzten Tag hierbleiben. Am 19. Januar, Mittwochmorgen, sollte mein Rückflug sein. Anstandshalber rief ich den lokalen Verantwortlichen an. Er klang besorgt. Er könne nicht garantieren, dass der Flug am Mittwoch auch wirklich ginge. Ich wollte es ihm nicht sagen, aber ich hatte genug Geld dabei, genügend Freunde und Familie, genügend Landsleute. Und wenn ich einen Monat länger bleiben müsste, warum nicht?

Tunesien nach seiner Unabhängigkeit

Am 25. März 1956 wurde die konstituierende Nationalversammlung des Landes gewählt. Die Néo-Destour gewann alle Sitze, und Bourguiba übernahm den Parlamentsvorsitz. Am 11. April wurde er von Lamine Bey zum Premierminister ausgerufen. Am 13. August wurde das fortschrittliche tunesische Personenstandsgesetz erlassen. Am 25. Juli 1957 wurde die Monarchie abgeschafft, Lamine Bey musste abdanken und Tunesien wurde eine Republik. Bourguiba wurde am 8. November 1959 zu ihrem ersten Präsidenten gewählt.

Zu Beginn der 1980er-Jahre geriet das Land in eine politische und soziale Krise, deren Ursachen in Nepotismus (Vetternwirtschaft) und Korruption, in der Lähmung des Staates angesichts der sich verschlechternden Gesundheit Bourguibas, in Nachfolgekämpfen und einer generellen Verhärtung des Regimes zu suchen sind. Im Jahre 1981 erweckte die teilweise Wiederherstellung des pluralistischen Systems Hoffnungen, die jedoch bereits mit der Wahlfälschung im November desselben Jahres zerstört wurden. Die blutige Niederschlagung der Brotunruhen im Dezember 1983, die erneute Destabilisierung der UGTT und die Verhaftung ihres Vorsitzenden Habib Achour trugen dann zum Sturz des alternden Präsidenten und zum sich verstärkenden Aufkommen des Islamismus bei.

Am 7. November 1987 setzte Ministerpräsident Zine el-Abidine Ben Ali den Präsidenten aufgrund von Senilität ab, was von der Mehrheit des politischen Spektrums begrüßt wurde. Im Dezember 1987 entließ Ben Ali sechs der neun Politbüromitglieder der regierenden Parti Socialiste Destourien (PSD) und ersetzte sie durch persönliche

Vertraute. Nach dem Machtwechsel kehrten auch mehrere Exilpolitiker nach Tunesien zurück. Ende 1987 wurden 2.500 Gefangene, darunter auch 600 islamische Fundamentalisten, aus den Gefängnissen freigelassen. Außenpolitisch setzte Ben Ali auf eine engere Zusammenarbeit mit den Maghreb-Staaten und nahm auch die 1985 abgebrochenen diplomatischen Beziehungen zu Libyen wieder auf.

Ben Ali wurde am 2. April 1989 mit 99,27 % der Stimmen gewählt und schaffte es in der Folge, die Wirtschaft wieder anzukurbeln. Ben Ali bekämpfte den radikalen Islamismus aktiv und ersparte Tunesien somit die Gewalt, die das benachbarte Algerien erschütterte; die Ennahda-Partei wurde neutralisiert, Zehntausende militante Islamisten verhaftet und in zahlreichen Prozessen zu Beginn der 1990er-Jahre verurteilt. Die laizistischen Oppositionellen gründeten 1988 mit dem **Pacte national** eine Plattform mit dem Ziel, das Regime zu demokratisieren. Die politische Opposition und Nicht-Regierungsorganisationen begannen derweil, das Regime der Einschränkung von Bürgerrechten zu beschuldigen, indem sie die Repression über die Bekämpfung des radikalen Islamismus hinaus ausweitete. In den Präsidentschaftswahlen 1994 wurde Ben Ali mit 99,91 % der Stimmen wiedergewählt; im Jahr 1995 unterzeichnete er ein Freihandelsabkommen mit der Europäischen Union. Die Präsidentschaftswahlen am 24. November 1999 waren die ersten pluralistischen Wahlen in der Geschichte des Landes, wurden jedoch von Ben Ali mit einem ähnlichen Stimmenanteil wie in den vorangegangenen Wahlen gewonnen. Die Verfassungsänderung des Jahres 2002 steigerte noch den Machtumfang des Präsidenten. Im selben

Jahr meldete sich der islamische Terrorismus mit dem Anschlag auf die Al-Ghriba-Synagoge zu Wort.

Der heutige Tag sollte als Meilenstein und kritischer Test gelten: Würden die Unruhen weitergehen oder würde das normale Leben wieder seinen Gang nehmen? Würden Banken, Behörden und Läden aufmachen oder nicht? Es fing alles zögerlich an. Und man fragte sich, wie so etwas funktioniert. Ein Laden nach dem anderen, eine Bank nach der anderen und eine Behörde nach der anderen – immer noch beschützt durch gepanzerte Fahrzeuge und bewaffnete Soldaten – machten ihre Tore auf. Brot, Milch und sogar Handy-Aufladekarten wurden stündlich besser verfügbar. Die Städte des Südens füllten sich wieder mit Menschen und Autos. Immer wieder kamen Nachrichten aus Tunis und Umgebung, wo man anscheinend noch auf der Jagd nach ehemaligen Gefährten der Familien Ben Ali und Trabelsi war. Eine Nachricht stieß auf Unverständnis: Einige Touristen waren durch das Militär angehalten und nicht gerade zimperlich behandelt worden. Es stellte sich später heraus, dass sie Jäger waren und ihre Gewehre für die Jagd von Wildschweinen dabei hatten. In einer Zeit, wo eine Plastikpistole schon Verdacht und Nervosität bewirkt, sind solche Geschichten nicht gerade verständlich. Das Militär beschlagnahmte die Waffen, mit denen ein Dinosaurier hätte getötet werden können – so die leicht übertriebene Beschreibung eines Nachrichtenüberbringers – und entschuldigte sich in aller Form bei den Schweizern oder Schweden, wie es hieß, denn der Volksmund verwechselt auch hierzulande die beiden Staaten …

Die Regierungsbildung kam voran: Die Schlüsselministerien Verteidigung, Innen- und Außenministerien blieben bei den »Alten«, ein an und für sich gutes Zeichen, das auf Zusammenarbeit und nicht auf Rache und radikale Auswechslung abzielte. Nach und nach wurden die neuen Gesichter im Fernsehen gezeigt. Die ersten Sorgen über die verfassungsrechtliche Frist von lediglich zwei Monaten für die Wahl eines neuen Präsidenten wurden von der provisorischen Regierung formuliert und stießen bei der Bevölkerung auf Verständnis. Wie sollten sich Parteiführer der Opposition, die zum Teil seit Jahren im Ausland leben, innert 60 Tagen organisieren? Eine solche Wahl würde wahrscheinlich erst in sechs Monaten durchführbar sein, auch das eine äußerst kurze Zeit für ein Land, das ein Mehrparteiensystem nur in der Theorie kennt …

Ich fuhr am Montagmorgen mit einem Taxi ins Städtchen Zarzis. Es war gegen 9.00 Uhr und ich war gespannt, was denn so lief. Ein Café neben einer Tankstelle war zum Bersten voll. Menschen, mehrheitlich junge Männer, diskutierten heftig. Ich genoss einen Cappuccino und gab großzügig Trinkgeld. Auf meinem anschließenden Spaziergang, ohne ein bestimmtes Ziel, bemerkte ich, dass ein Reisebüro geöffnet hatte, sich vor einer Bank eine Warteschlange bildete, einzelne Läden aufmachten, viele Menschen mit Brot und sonstigen Einkäufen heimgingen. Die Armee beherrschte alle Kreuzungen. Einen einzigen uniformierten Polizisten traf ich. Er hatte wohl eine saubere Weste und keine offenen Rechnungen mit den Bürgern.

Ein Taxifahrer sagte mir auf meine Frage, was er denn von der Situation halte: »Hör mal, jetzt haben wir ja Redefreiheit. Also ehrlich gesagt, Ben Ali war gar nicht so schlecht, wie alle jetzt sagen. Seine Entourage, seine Frau besonders, hat ihn verhext. Sie haben ihn negativ beeinflusst. Das muss man sagen. Er selber hat doch einiges fürs Land gemacht. Und weißt du was? Die meisten, die heute auf der Straße den Abgang Ben Alis feiern, haben ihm am 7. November 1987 zugejubelt. Was haben die ihn bewundert für einen Putsch ohne Tote, für die Einhaltung der Verfassung und für die vielen guten Sachen, die er anfangs angekündigt und gemacht hat. Ich sage dir, der Mann ist Opfer seiner Entourage. Sie haben ihn benebelt, ihn von der Realität abgeschirmt. Er hat es doch selber gesagt im Fernsehen.«

Ich fragte leise zurück: »Während 23 Jahren? Kann sich ein Präsident so lange blenden lassen?«

»Das ist sein schwacher Punkt. Er hat viel zu lange auf diese Schlange von Frau gehört. Und sie ist nun Präsidentin der Organisation arabischer Frauen, was für eine Schande! Vor 20 Jahren war sie Coiffeuse. Woher hat sie das Vermögen, das auf Milliarden geschätzt wird? Und seine erste Frau soll ihn gewarnt haben. Sie soll ihm gesagt haben, er solle heiraten, wen er will, aber nicht dieses Flittchen, das er nach einem Drogendelikt vor der Strafe gerettet hat. Sie hat ihm gefallen. Na ja, armer Mann. Was wäre aus ihm und dem Land geworden, wenn er sie nicht geheiratet hätte. Und ihre Brüder, allesamt Millionäre jetzt, und über zehn an der Zahl? Sie waren Arbeiter, sie fuhren Fisch auf den Markt. Und nun? Sie besitzen Paläste, in einem davon soll ein Tiger leben, der täglich vier Hühner vertilgt. Ich kann mir nicht einmal wöchentlich ein Huhn leisten! Verstehst du? Er hat zu lange die Augen zugemacht. Und das Gold, das sie vor ein paar Tagen in der Zentralbank abgeholt hat? Vor ein paar Tagen nur. Da muss doch ein hoher Beamter unterschrieben haben. Sie konnten mit dem Eigentum des Landes tun, was sie wollten. Aber eins sage ich dir: Sie werden bestraft werden. Allah lässt das nicht zu. Sieh doch, was mit Saddam passiert ist. Wer hätte gedacht, dass er am Galgen landet?«

Ja, ich spürte, dass nun wirklich jeder alles sagen konnte, ohne Angst, verraten zu werden.

Menschenrechte

In Tunesien herrschen Presse- und Internetzensur. Journalisten sind Drangsalierungen und Einschüchterungsversuchen durch die Polizei ausgesetzt, vorübergehende Verhaftungen sind häufig. Ausländische Zeitungen werden nicht ausgeliefert, wenn deren Inhalt von den Behörden nicht freigegeben wird. Webseiten können in Tunesien jederzeit gesperrt werden. Repressionen gegen (vermeintliche) Regimegegner umfassen wirtschaftliche Schikanen, willkürliche Verhaftungen, Misshandlungen und Folter. Diese Maßnahmen richten sich sowohl gegen Mitglieder der verbotenen islamistischen Organisation **Ennahda** als auch gegen Menschenrechtsaktivisten.

Menschenrechtsorganisationen beklagen, dass politische Stabilität und wirtschaftliche Prosperität durch Menschenrechtsverletzungen und Repressionen erkauft werden. Offizielle Stellen pflegen zwar einen offensiven Diskurs bezüglich der Menschenrechte, in der Realität werden jedoch demokratische Spielregeln in vielerlei Hinsicht außer Kraft gesetzt. So unterhält die dominierende Partei RCD eine Reihe von Satellitenparteien und NROs, die mit oppositionellen Organisationen in Konkurrenz stehen. Seit 1990 existiert die **Tunesische Agentur für Auslandskommunikation**, deren Aufgabe es ist, das Ansehen Tunesiens durch Öffentlichkeitsarbeit im Ausland zu fördern. Sie wendet sich zwecks Einflussnahme gezielt an Journalisten und Parlamentarier. Berichten zufolge wurden die Bürger Tunesiens 2009 in ihrem Recht, die Regierung abzuwählen, und in ihrem Recht auf freie Meinungsäußerung erheblich eingeschränkt. Lokale und internationale Nichtregierungsorganisationen berichteten, dass Sicherheitskräfte Gefangene misshandeln. Auch kam es zu willkürlichen Verhaftungen. Die Sicherheitskräfte werden nicht zur Rechenschaft gezogen und müssen bei Fehlverhalten mit keinen Sanktionen rechnen. Die Regierung führte strenge Einschränkungen der Meinungs-, Presse- und Versammlungsfreiheit im Vorfeld der Wahlen im Oktober 2009 ein. Öffentliche Kritik wurde nicht geduldet. Es gab zahlreiche Berichte darüber, dass die Bürger durch strafrechtliche Ermittlungen, willkürliche Verhaftungen, Reisebeschränkungen und Kontrollen gezielt eingeschüchtert wurden, um Kritik zu verhindern.

Dienstag, 18. Januar 2011

Auch heute gingen die Demonstrationen gegen die neue provisorische Regierung weiter. Nun waren es aber mehrheitlich friedliche Kundgebungen. Die alten Gesichter sollten allesamt aus der Regierung verschwinden, so das Volk. Und die Parlamentarier bemühten sich und brachten immer wieder neue Vorschläge. Einige Minister verzichteten und machten neuen, unbekannten oder sehr jungen Männern und Frauen Platz.

Die Lage in den Städten des Südens wurde immer ruhiger. Ich beschloss, mir meine Haare für drei Dinars schneiden zu lassen. Als ich in einem kleinen Friseurladen wartete, fiel mir ein Rahmen auf. Er war leer. Das Bild des Ex-Präsidenten, das die Leute aufhängen mussten, war weg. Und ich erinnerte mich, dass einer meiner Cousins gesagt hatte: »Wenn du einen Laden hast und das Bild des Präsidenten nicht aufhängst, kommen sie und bedrohen dich. Sie schikanieren dich, sie gehen so weit, irgendeinen Grund zu finden, dir den Laden zu schließen. Sie haben dich voll im Griff.« Und gestern noch hatte ein aufgeregter Journalist in die Runde der Diskutierenden gerufen: »Seid ihr euch bewusst, dass wir mit zwei anderen Drittweltländern noch die Einzigen sind, die das Bild ihres Führers in jedem Lokal zeigen müssen?«

Ich fragte mich, wohin dieser Coiffeur es geworfen hatte. Gleichzeitig sahen wir alle durch die Tür auf die Hauptstraße von Zarzis. Ein Kranwagen, umgeben von einer Menschentraube, machte sich daran, die an einem großen Bogen platzierten Bilder Ben Alis zu entfernen.

Es fand definitiv eine Veränderung statt!

Nun stand ein Problem bevor: Die Ausgangssperre war zwar gelockert worden, aber sie galt immer noch von 17.00 Uhr abends bis 6.00 Uhr morgens. Ich war in Zarzis und konnte am Abflugtag unmöglich rechtzeitig zum Flughafen Djerba gelangen, ohne die Ausgangssperre zu verletzen. Und das Risiko einer Schlagzeile wie »tunesisch-schweizerischer Doppelbürger unterwegs nach Djerba vom Militär angeschossen« wollte ich natürlich vermeiden.

Einige Telefonate gingen von Zürich nach Djerba und Zarzis und dann stand fest: »Der VIP-Mann muss am Dienstag in ein Hotel auf Djerba gebracht werden, vor der Ausgangssperre, und am Mittwoch zum Flughafen gefahren werden, unmittelbar nach Ende der Ausgangssperre.«

An der Bar des Hotels auf Djerba erfuhr man, dass ich von Zarzis und Djerba aus Interviews mit Radios und Zeitungen geführt hätte. Der Angestellte flehte regelrecht, ich solle »ihnen« – er meinte den Europäern – zusichern, die Lage sei wieder unter Kontrolle und sie sollten nicht ihre Buchungen für den Frühling und Sommer, schon gar nicht für den Herbst, annullieren, das – so seine Worte – wäre eine Katastrophe für das Land, das jetzt auf diese Arbeitsplätze angewiesen sei. Er nahm sein eigenes Beispiel: »Sieh mich an, du bist mit drei Tunesiern den ganzen Abend allein hier. Wenn es in wenigen Wochen immer noch so aussieht, wird mich mein Chef nach Hause schicken, verständlich oder nicht? Ich würde es genauso machen. Er kann mich doch nicht mehr bezahlen, wenn die Leute wegbleiben. Wir haben echt Angst um unsere Arbeitsplätze.«

Nach der Euphorie kommt eben immer die Realität wieder hervor. Und die sah im Moment für die Tourismusbranche nicht gerade rosig aus. Ich weiß, dass hinter jedem Kellner, Animateur, Rezeptionisten, Koch oder Patissier eine ganze Familie steckt, die von seinem Einkommen lebt. An der Küste leben gewisse Dörfer mehrheitlich vom Tourismus, und wenn dieser ausbleibt, dann stehen die Leute – mangels Versicherungen und Ersatzeinnahmen – für Monate mit leeren Händen da!

Ich versprach, in jedem Interview darauf aufmerksam zu machen:

»Europa darf diesem mutigen und freiheitsliebenden Volk, das sich aus dem Joch der Tyrannei und Willkür befreit hat, nicht den Rücken wenden. Wenn Europa ein freundschaftliches Gefühl und Solidarität mit Tunesien empfindet, dann müssen die Touristen wieder ins Land!«

Politik

Tunesien ist, gemäß seiner Verfassung, eine Präsidialrepublik.

Gleichzeitig wird es von zahlreichen Nicht-Regierungsorganisationen und Politikwissenschaftlern als autoritäres Regime bezeichnet. Trotz der an Frankreich angelehnten Staatsorganisation fehlt es an politischer Transparenz, die Meinungsfreiheit ist nicht garantiert, es herrscht Zensur. Die Justiz wird häufig von der Regierungspartei instrumentalisiert. Die politische Opposition wird eingeschüchtert, es gibt politische Gefangene, Folter und andere Menschenrechtsverletzungen. Von tunesischer Seite wird jedoch darauf verwiesen, dass der UN-Menschenrechtsrat die Bemühungen der tunesischen Regierung anerkannt und ihr Fortschritte in den meisten Problemgebieten attestiert hat.

Sehr früh am Morgen wurde ich im Hotel abgeholt. Der Mann fuhr Punkt 6.00 Uhr mit einem Geländewagen vor. Er trug wollenen Bournous und trotz der eingeschalteten Heizung war es kalt. Die Nacht war noch dunkel und die Straßen leer.

Als wir im Flughafen ankamen, waren die Abfertigungsschalter noch nicht besetzt. Die Touristen kamen aber in Scharen und bildeten Schlangen. Etwas Verwirrung über die unbesetzten Arbeitsplätze vor den Rollbändern war zu spüren. Ein Schalter machte auf und zeigte Paris–Orly. Minuten später tauchte der Mitarbeiter für Zürich–Genf auf. Aber sie schienen verspätet und noch halb verschlafen zu sein. Die Leute rumorten schon und regten sich über die unordentliche Warteschlange auf. Ein paar Genfer Passagiere kommentierten jede Geste des scheinbar unerfahrenen Abfertigers unseres Fluges, weil er ständig seine Nachbarin fragen musste. In der Tat, im Verhältnis zu den anstehenden Touristen waren zwei Schalter viel zu wenig. Ich fragte einen bekannten Reiseleiter, der kopfschüttelnd an mir vorbeigehen wollte, was denn los sei, wo denn die Mitarbeiter seien?

»Ich sag dir, es ist so peinlich, dass es kaum aussprechbar ist. Tunis-Air hat die Touristen aufgefordert, um 6.00 Uhr hier zu sein, seinen Mitarbeitern hat das Management aber die alte Zeit der Ausgangssperre genannt. Sieh sie dir an, die meisten haben noch nicht mal Kaffee getrunken, sie wurden eilends mit Taxis abgeholt, wortwörtlich aus dem Schlaf. Oh Mann, das hat uns noch gefehlt!«

Mehrmals musste ich meine Zunge hüten, um den Touristen hinter mir nicht zu sagen: »Seid ihr euch eigentlich bewusst, dass in diesem Land soeben eine Revolution stattgefunden hat? Der ganze Flughafen könnte in Flammen stehen! Und ihr regt euch über eine Verspätung von anderthalb Stunden auf?«

Im Flugzeug erst wurde mir die ungeheuerliche Bedeutung dieser Bewegung bewusst: Sie könnte sich auf die gesamte arabische, afrikanische und Drittwelt ausbreiten. Die vielen diktatorischen Regimes könnten verschwinden, das Vererben von Macht könnte Vergangenheit werden, die Freiheit – ein Fremdwort in unseren Ländern – könnte Realität sein!

Und ich bewunderte die westlichen Länder in dieser Hinsicht. Ich war auf dem Weg in ein Land, das ich meine zweite Heimat nenne und dessen mutige Männer sich im Jahre 1291 gegen die Vögte und ihre Unterdrückung erhoben und geschworen hatten:

> *Wir wollen sein ein einzig Volk von Brüdern,*
> *in keiner Not uns trennen und Gefahr. Wir wollen*
> *frei sein, wie die Väter waren, eher den Tod, als*
> *in der Knechtschaft leben. Wir wollen trauen auf*
> *den höchsten Gott und uns nicht fürchten vor der*
> *Macht der Menschen.*

Und genau dies geschah nun in Tunesien! Möge der Allmächtige auch diesem Volk, wie den Helvetiern damals, beistehen und ihm eine freie Zukunft geben!

Weitere Werke des Autors

Leseproben aller Werke, geplante Bücher und signierte Exemplare,

Lesungen und Kontakt über: www.benhamida.ch

www.ingramcontent.com/pod-product-compliance
Lightning Source LLC
Chambersburg PA
CBHW051918250726
48659CB00002B/710

9 783842 346864